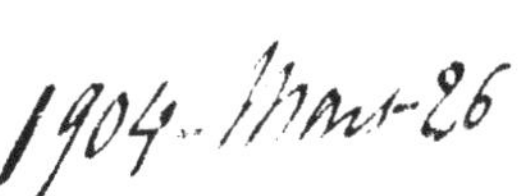

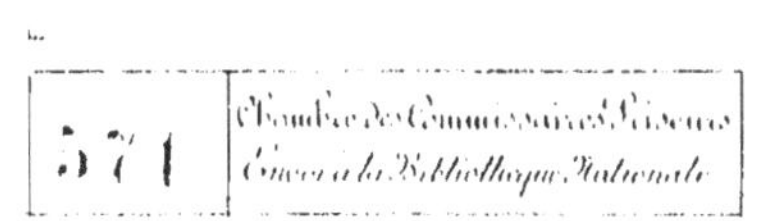

Vente du Samedi 26 Mars 1904

HOTEL DROUOT, SALLE N° 8

EX-LIBRIS ANCIENS

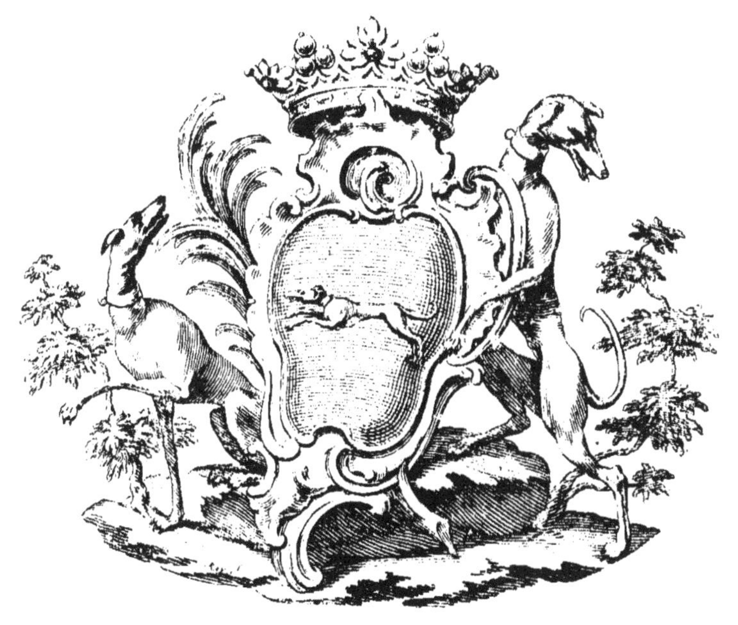

N° 36 du Catalogue

ESTAMPES ANCIENNES & MODERNES
LIVRES   DESSINS

Me Maurice Delestre   *M. Loys Delteil*

IMPRIMERIE
FRAZIER-SOYE
153, Rue Montmartre
PARIS

CATALOGUE

d'Ex-Libris Anciens

ESTAMPES ANCIENNES & MODERNES

LIVRES — DESSINS

Dont la vente aura lieu

à Paris, HOTEL DROUOT, Salle N° 8

Le Samedi 26 Mars 1904, à 2 heures précises

Par le Ministère de Me MAURICE DELESTRE

COMMISSAIRE-PRISEUR

5, rue Saint-Georges

Assisté de M. LOYS DELTEIL, Artiste-Graveur, Expert

22, rue des Bons-Enfants

CONDITIONS DE LA VENTE

Elle sera faite au comptant.

Les acquéreurs paieront *dix pour cent* en sus du prix d'adjudication.

M. LOYS DELTEIL remplira les commissions que voudront bien lui confier les amateurs ne pouvant y assister ; il se réserve, en outre, la faculté de diviser ou rassembler les lots.

MM. les amateurs pourront visiter la collection, 22, *rue des Bons-Enfants, les Jeudi 24 et Vendredi 25 Mars*, de 10 heures à 4 heures.

DESIGNATION

EX LIBRIS

(XVIIe et XVIIIe Siècles)

1. — (Alençon J.-B. d'?) par *Roy*. In-12. Rare.
2. — Anonyme, 1764 — Convers (P. A.), 2 exempl. Trois pièces. par *L. Monnier*.
3. — Archambault (d'), par *Sergent*, 1778. In-8.
4. — Archambault (d'), par *Sergent*, 1778. In-8.
5. — Le même ex-libris. Huit exemplaires.

5 *bis*. — Baillard Descours, par *P.* (17e siècle). Rare.

6. — (Balathier de Mas). Jolie pièce in-8. Trois épreuves.
7. — Barthelemy (C. F.) — Caylard de Bermond (du) — Jehannot de Beaumont — C. R. de Wignacourt. Quatre pièces par *Allin*.
8. — (Baudot de Ville) — Anonymes. Trois pièces rares.

8 *bis*. — Butler (Vte de), par *Ollivault*. In-8°. Rare.

9. — (Bausset). In-8 en largeur. Très rare.
10. — Bernard de Rieux (G.), par *Huquier*.
11. — Bizemont-Prunelé (A. G. P. de), par *C. E. Gaucher*, 1781. In-8. Rare.

11 *bis*. — Boussac (de). (17e siècle).

12. — Brongniart (L.). In-8. Rare.

12 *bis*. — Crécy (Mme de Pompadour, pour le château de). Très rare. On y a joint une copie.

13. — Courtarvel (Mis de). Rare.

14. — (Des Hais de Forval). In-12. Très rare.

15. — (Des Salles), par *Nicole*. In-8.

16. — Du Chesne (Pierre), par *Bouchy*. Deux variantes, rares.

17. — Estourneau (d'), par *Cosmant*, 1750. Rare.

18. — Fleurieu (Le Chier de.) In-8. Six épreuves.

18 *bis*. — Fouquet, surintendant des Finances. Rare.

18 *ter*. — Fleury (Abbé), par *Nic. Picart*. In-8.

19. — Froment de Champlagarde, par *P. C. J.*, 1785. Huit épreuves.

19 *bis*. — Fulchiron (A. G.), jolie pièce in-8° et variante. Deux pièces.

20. — Gallois — de Rehainviller, 1754 — de Seichamps, 1747. Trois pièces, par *Nicole*.

20 *bis*. — Helvétius. In-12.

21. — (Hubert de Vendiers). In-12. Rare.

22. — Huet (P. D.) 1692. In-8.

23. — Jacquemin (L. B.), par *J. C. François*, 1739. In-8.

23 *bis*. — Jarry (R.), par *Brenet*.

24. — Jaume (F. Th.), portant un cache avec le nom de Grognard.

24 *bis*. — Lasoudexbrie (de). In-8. Rare.

25. — (Lafage ?). Deux variantes ovales en largeur. Rares.

26. — Laitter (Wilhelm von der). In-8. Rare.

27. — Langles. — Anonyme. Deux jolies pièces, rares.

28. — La Vaulx de Vrécourt (Ch. comte de), par *Collin*, 1752. Rare.

29. — Lezot de la Villegeffroy (de), In-8. Rare.

30. — (Massu de Fleury), 2 variantes, par *Houat l'aîné*.

30 *bis*. — Maulnorri, attribué à *Picart*.

31. — Meliand, par *Martinet*. In-18. Rare.

32. — Ménage (Gilles), Angers, 1692. In-8.

33. — Millet de Chevers, par *Collin*, 1756.

34. — Mirbeck (Ign. Frederic de). In-8, Rare.

35. — Mongin, par *Collin*.

36. — Nicolay, par *Cl. Roy*. In-8 en largeur. Très rare.

36 *bis*. — Orléans (Duc d'), G[d] Maître de la Franc-Maçonnerie. Rare.

37. — Otran (C. F.), 1675. In-8. Rare.

38. — Perrault (F.), par *Le Tillier*. Deux épreuves.

39. — Perrault (F.), par *Le Tillier*, 1764. Quatre exemplaires.

39 *bis*. — Pfinzing (Martin), par *M. Zundt*, 1569.

39 *ter*. — Le même personnage, par A. Khol?

40. — Pons de la Chataigneraye (de). In-8 en largeur. Très rare.

41. — Pracomtal (Mme la Comtesse de). Très rare.

41 *bis*. — Roland de Challerange (Mme). In-8°.

41 *ter*. — Le même personnage. Variante. Rare.

42. — Saint-Maurice (Pecquot de), 3 variantes, deux très rares.

43. — Savalette de Buchelay. In-8.

44. — Seichamps (abbé de), par *Nicole*, 1743 et 1747. Deux variantes.

44 *bis*. — Thomasseau de Cursay. Grand-in-8. Rare.

45. — Toustain (Vte de), par *Ollivault*. In-8.

46. — Tressan (Louis El. de Lavergne Cte de). In-8. Rare.

47. — Tronchin (J. A.), par *P. P. Choffard*, 1770.

47 *bis*. — Villers (J. C.), par *Ollivault*. In-8. Rare.

48. — Vintimille (Mme de). Rare.

49. — Willemet (R), par *Collin*.

50. — Anonymes. Dix pièces, plusieurs rares.

51. — Ex-libris féminins : Pons (M^{ise} de) — Boisgelin de Remiremont (C^{sse} de) — Le Noir (Marie-Antoinette — Rzewuska (Comtesse). Quatre pièces.

52. — Ainval (d') — (Alain de Montafilan) — (Andrault) — Argenson (d') — Aymeret de Gazeau (J.) — Aubry (J. T.) — Aubret (L.). Sept pièces.

53. — Alciatore (J. B.), par *P. R.*, 1727 — Anesi — (Rennel de Lescut) — (Vaese) — Thumery — Bus de Bois (du) — (Galion). Sept pièces.

54. — Angy (C. d') — Cottin de Fontaine — Dampierre — Gourgue (de) — Larosée (Aloys de) — Roussel — Gyonnet (G.) — Carbon (P. L. de) — Le Sage (N. F. B.) — D'Hyenville. Dix pièces.

55. Antoine — Estienne — Forget — (de Gives) — Grandidier (abbé). Cinq pièces rares.

56. — Arconville (Mme d') — Montigny (de), 2 variantes — Descamps (J. B.) — (Choiseul ?) — Sept pièces, par *Louise Le Daulceur*, *N. Le Mire* et *C. E. Gaucher*.

57. — (Bauffremont) — Bertin de Fligny — Biston — Bouché d'Urmont — (Bouchier de Richaumont) — Boulay (du) — (Boullongne) — (Bouthillier de Chavigny). Huit pièces.

58. — (Berthelot) — Négrier de la Crochardière — Maillefer (A. J. B.) — Lacour — Delacour — Delagrave — La Haye des Fossés. Sept pièces.

59. — Boileux, par *Malbeste* — de Wignacourt, par *Allin* — Poverel (de) — de Filhot, par *Pallière* — Carbon (P. L. de), par *Baour*, 2 variantes. Six pièces.

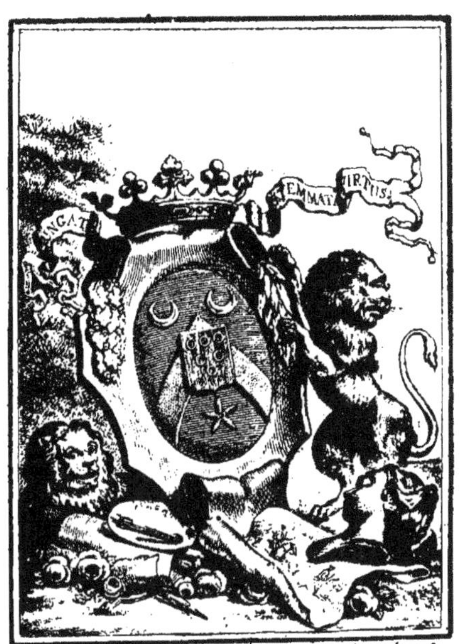

Dessiné et Gravé par Ch Gaucher de l'Acad des Arts de Londres. 178[illegible]

Messire André-Gaspard-Parfait,
Comte de Bizemont-Prunelé.

N° 11 du Catalogue.

60. — Bourbon-Busset (de), par *Mme Jourdan*, 1788 — Fleury (Mise de) — Hénault (Prést) — Régiment du Dauphin, par le *Chr de Pujol* — Anonyme. Cinq pièces.

61. — Camelin (M. H. de) — Camus de Pontcarré — Chamillart — Champagne (de) — Claret Delatourette — Cochon (P.) — Colas de la Noue — Collin de Contrisson. Huit pièces.

62. — Charpentier — Jonchère (de la) — (Legendre, par *Giffart*) Lalaure (N.) — Libert de Beaumont — Ollivier (A.) — Cousin. Sept pièces.

63. — Coquereau (C. J. L.) — Costard de Bursard — Coste de Champeron — Cottin de Fontaine, par *T. C. Guillaume* — (Curel) — (Cusset) — Cougnious (de). Sept pièces.

64. — Cuzieu (de) — Le Dru (J. P.), 2 variantes — Hénault (Pr[t]) — Rousseau Delaunois — Ruffey (de) — Delaleu, par *Montulay* — Le Febvre du Grosrier — Lebourg — Gallatin, par *Robin*. Dix pièces.

65. — Dampoigné — Bonnier — Lelong (C. R.) — Delepierre de Ligny — Aubret (L.) — Roquencour (de) — Desligneris — Desains — Anonymes. Dix pièces.

66. — Daquin, par *Pilsen*, 2 états — Borch (Cte de), in-8, 1790, 2 épr. — Jacques-Maximilien 1er, par *Viéro*, 3 épr. Sept pièces.

67. — Deschamps (J.) — Hedouin — Mesnard de Glesle — Peysonnel — Brigeat de Lambert. Cinq pièces rares.

68. — Dompierre (A. M. F. de Paule de) — Melic (M. G.) — Mage (Juge) — Merlet — Noyelles (de) — Grumet (J. P.) — Philippe (J. B.) — Lebourg — Rosset (de) — Doyen (A. F.) — Dumont (J. F. J.). Onze pièces.

69. — Dubois — Dorat de Chameulles — Luynes (de) — Blouet de Camilly — (de Fresnoy) — Grumet et Correard — Brosse (P. B. de) — Bronod. Neuf pièces.

70. — Du Pont de Romémont — Dulaurens — Duchesne — Damas d'Anlezy — Delamichodière — Delignières de Bommy — Desains — Desforges — Desligneris — Des Pilliers. Dix pièces.

71. — Erlach (d') ? — Ecuy (J. B. l') — Feriet (de) — Favereau (H.) — Fauvel — Foresta (de) — Fouquet (J. B.). Sept pièces.

72. — Estieval (Abbaye d'), par *Nicole* — Gallois, par *Nicole*, 2 exempl. — Horcholle (Th.) Louis le fils. Cinq pièces.

73. — Gottignies (de) — Gravelle de Fontaine — Glatigny (de) — Gallifet (de) — (Grout, rare) — Gumoens de Mellet — Guyot Demarne. Sept pièces.

74. — Hemey (P. N.) — Héricourt (d') — Hue de Coligny — Hugon — Jaillot — (Joly de Blaisy). Six pièces.

75. — Jehannot de Beaumont, par *Allin* — Gaillard (J.) par *Jacques* — Henrion (C. H.), par *Cl. Roy* — Parat de Chalandray et Boscheron, par *Berthault*. Cinq pièces.

76. — La Cressonnière (de) — St-Maurice (de) — Damas d'Anlezy — (Quinsonnas) — Le Sieur — Le Poivre de Villers — Delabarre, etc. Dix-sept pièces.

77. — La Flize — Delacour — de Mory d'Elvange — Colliquet — de Bourgevin de Moligny — Pagel de Vantoux — Boula de Coulombiers, etc. Dix-huit pièces.

78. — Lalaure (C. N.) — Jourdan — Rolland (B. G.) — des Piliers — de Camelin — Melie (M. G. R.) — Héricourt (d') — Ménage de Mondésir — Pigou — Anonymes. Quatorze pièces.

79. — Laus de Boissy — Le Boiteulx (J. B.), deux variantes — Le Conte de Bièvre — (Le Guerchois) — Le Large Deaubonne — Le Maire — Le Tors de Chessimont. Huit pièces.

80. — Le Couteulx — Lebourg — Bengy — Pigou — Mey (J.) — Mollevaut (S.) — Lelong (C. R.) d'Héricourt — Labastie (C. de). Onze pièces.

81. — (Legendre), par *Giffart* — Hénault — Anonyme, par Roy, 2 exempl. — Crozat, baron de Thiers — La Maillardière, par *L. Legrand*. Six pièces.

82. — Le Maire, par *Brenet* — Fiquet du Bocage, par *Gamot* — de Béthune, par *P. F. Tardieu* — Arconville (Mme d'), par *Le Daulceur* — Deu, par *Varin* — Brochant, par *C. Mathey*. Six pièces.

83. (L'Espinasse), par *Benard*, rare — Dumars de Vaudoncour, par *Lançon* — Rolland (B. G.), par *Stallin*, 1750 — Clugny (J. S. B. de) — Cannac (P. P.). Cinq pièces.

84. Le Vacher du Plessis — Correard (J. M. A.) — Gaillard (S.) — Chanorier — Brochant du Breuil — Gay de Marnoz — Champflour (de) — Cottin (H. D.) — de Camelin — de Fréval — Gautier — Le Couteulx (A. L.). Douze pièces.

85. — Mainsonnat — Marié de Toulle — Mascrany 2 variantes — Mathieu (J. B.) — Maurier — Maynon de Farcheville — Ménage de Mondésir. Huit pièces.

86. Mérigny (de) — Potier de Gesvres — Rolland de Challerange — Roquencour (de) — Roussel — Rolland (B. G.). — Vaucourt (de) Sept pièces.

87. Molinier (J.) — Mollevaut (S.) — Mopinot — Michau de Montaran — Morand — Maurisset — Myette. Sept pièces.

88. (Pajot, par *Chaumier*) — Papion — Paris — Pasquier de Messange, 1792 — Petit (F.) — Petit (V.) — Philippe (J. A.) — Ponsainpierre (de). Huit pièces.

89. Papion de Tours — Le Couteulx (A. L.) — Lelong (C. R.) — Gallatin — Aubert — Rega (H. J.) — Payan (J. F. de) — Dumont (J. F. J.) — Perchel — Aubert (L.) — Baizé. Onze pièces.

90. — Quatrebarbes — Bochart de Saron — de Varaigne. Trois pièces, par *Nonot* et *C. Berain*.

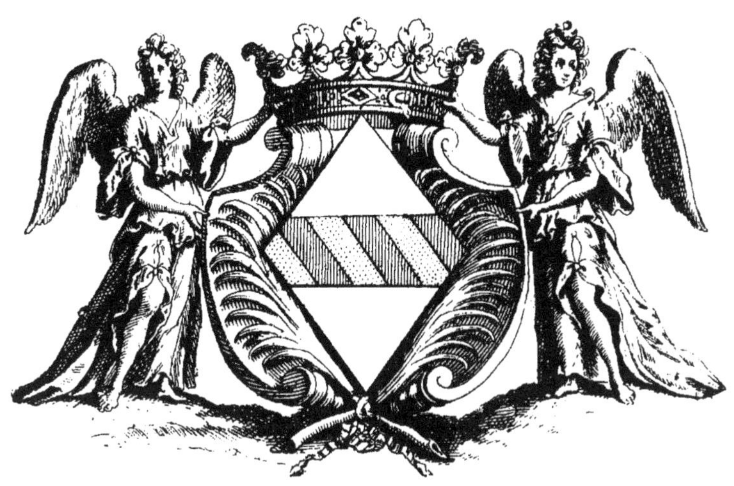

N° 40 du Catalogue

91. — Rohan (A. J. prince de), 2 variantes — Soreau (F. A. de), 2 variantes — Thiballier, 2 variantes. Six pièces.

92. — Saint-Ange (Bibl.) — St-Pol — St-Port — Salis — Sartine (de) — Sauvage — Savanelle de Grandmaison — Savoye (J. B.) — Secousse (D. et F. R.). Onze pièces.

93. — Seimandy (J.) — (Bouvard de Fourqueux) — Bauclas (de) — Villemur (de) — Dugad (L. G.) — Pingré de Fricamps. Six pièces.

94. — Serans (de) — Thomé — Turgot (D. B.) — Varenne de Fenille — Villeneuve (de) — (Villiez) — Voyer d'Argenson — Vrayet. Huit pièces.

95. — Tupigny Cauvry — Jourgniac — Langlois de Louvres — Formentin (D.) — Durand (G.). — Brosses (C. de), par *Aveline* — Rochemore (de) — Maubuisson (L. F. de) — Darmand — Pinseau de la Menardière. Dix pièces.

96. — Vaux (de) — Vallée (O.), par *Beaumont* — Silva — Théville (de) — Massol (de) — Meslez (de) — Mignot (A. J.) Sept pièces.

97. — Vingt-deux (P. N.) — Papion — Douglas — Lelong (C. R.) — (Berthelot) — Desligneris — Le Tors de Chessimont — Anonymes. Treize pièces.

98. — Ex-libris divers. Vingt pièces.

99. — Ex-libris divers, par *Allin*, *Roy*, *Ollivault*. *Gouel*, etc. Vingt-deux pièces.

100. — Ex-libris divers anciens, la plupart mal conservés. Quarante-neuf pièces.

101. — Ex-libris modernes : Berry (D^{sse} de) — Rozières (de) — Ballevoy (de) — Beaupré — de Fortia, etc. Cent-vingt-six pièces, *Ce n° pourra être divisé.*

102. — Etrangers : Blye (J. A. de) — Chotek, par *Boehm* — Wegry (C. de) — Cassano (de), par *R. Morghen* — Tettoni (L. M.) — Spielmann (J. R.), par *Striedbeck* — Gaiford (Th.), etc. Douze pièces.

103. — Etrangers : Wegry Wegierski — Borch (Cte de) — Scheben (F. A. X. de) — Vogel, etc. Quinze pièces.

104. — Sous ce n° il sera vendu par lots, environ trois-cent-cinquante ex-libris anciens, français et étrangers.

ARMOIRIES

105. — Sous ce numéro, il sera vendu des livres avec armoiries sur les plats. Duchesse de Berry, Villeneuve de Gergy, Tallemant des Réaux, et quelques autographes.

LIVRES ET RECUEILS

106. — Les Arts décoratifs, par Edouard Lièvre — Paris, *Morel*, 1868. Cent vingt planches en 2 portefeuilles.

107. — BEAUX-ARTS : A. de Lemud, par Aglaüs Bouvenne, exemplaire avec des autographes d'Alex. Dumas, Champfleury, Bracquemond, Buhot, etc., cart.

108. — BEAUX-ARTS : Chassériau, par A. Bouvenne — Fantin-Latour, par G. Hédiard — Notes et Souvenirs sur Ch. Meyron, par Agl. Bouvenne. Quatre plaquettes.

109. — BEAUX-ARTS. — Eugène Delacroix devant ses contemporains, par Mce Tourneux — Auguste Rodin, par Léon Maillard — L'Œuvre complet de Eugène Delacroix, par Alfred Robaut. Trois vol., cart.

110. — BOUVENNE (Aglaüs). Catalogue de l'œuvre gravé et lithographié de Bonington. Exemplaire cartonné, augmenté d'un portrait de l'auteur, par R. Piguet, d'un portrait de Bonington et d'autographes de V. Hugo, F. Villot, J. Hédou, Ph. Burty, Edm. de Goncourt, etc.

111. — BRACQUEMOND (F.) Etude sur la Gravure sur bois et la lithographie — Paris. *Imprimé pour Henri Beraldi*, 1897. 1 vol. in-8, tiré à 138 exempl. (n° 126, avec dédicace), cart.

112. — Atelier Rosa Bonheur. Deux catalogues de la vente de l'atelier, renfermant de nombreuses reproductions par la photogravure.

113. La Bièvre, par HUYSMANS — Paris, *L. Genonceaux*, 1890. Exempl. broché, avec *dédicace*.

114\. Léon Maillard : Menus et programmes illustrés Paris, *Floury*, 1893. Exempl. avec dédicace.

115\. Maindron (Ernest). Les Affiches illustrées Paris, Launette 1886. Exemplaire avec dédicace.

116\. — L'Artiste, années 1886 à 1891 inclus (manque 6 numéros).

ESTAMPES

BOILVIN (Emile)

117\. Les Bibliophiles, d'après Fortuny. Superbe épreuve d'artiste, sur japon, avec le portrait de Boilvin gravé en remarque par lui-même.

BOUCHER et PIERRE (d'après)

118\. La Bonne aventure — Les Bacchantes endormies — Bacchanale. Trois pièces in-fol. par Aveline, Gaillard et Preisler.

BOUVENNE (Aglaüs)

119\. — Six fauves par Eugène Delacroix (tirage à 112 exempl.) Très belles épreuves dans le cartonnage de publication.

120\. — *Sept dessins de gens de lettres*, fac-simile par Aglaüs Bouvenne, texte de Ch. Asselineau, Burty, Tourneux, etc. — Paris, Rouquette, 1874. Très bel exemplaire avec double suite des planches, *avant* et avec la lettre, et augmenté de 3 autographes de Victor Hugo, Th. de Banville et George Sand.

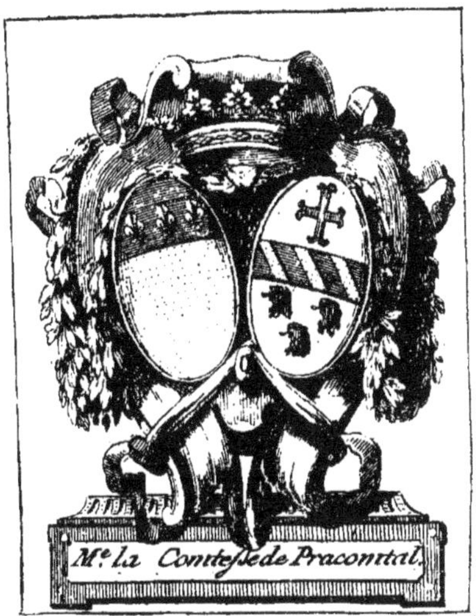

N° 41 du Catalogue.

BRUNET-DEBAINES (A.)

121. — Soirée lumineuse, d'après B. W. Leader. Grand in-fol. Très belle épreuve.

CALLOT (J.)

122. — Les Supplices (M. 665). Belle épreuve.
123. — Les Bohémiens (M. 669). Belle épreuve.

CHAUVEL (Th.)

124. — " Banks of the ivy O ", d'après Leader (L. Delteil, 97). Très belle épreuve.

COTES et DUPRA (d'après)

125. — Portrait de Femme, par Mac Ardell — Rochford (Henry Earl of), par R. Houston. Deux pièces. In-fol. Belles épreuves.

DAMAME DEMARTRAIT

126. — Vues de Russie. Huit pièces in-fol.

DIVERS

127. — Sujets divers. Huit estampes par divers artistes. On y a joint trois aquarelles et dessins par Henry Somm, Ch. Lapierre.

128. — Diane et Actéon — Vénus sur les Eaux — L'Amour réduit à la raison — L'Age d'or — Le Fils de Th. Frisius (copie), etc. Treize pièces.

129. — Héliogravures Amand-Durand, d'après Durer et Rembrandt — Eaux-fortes par Lalanne, Milius, Courtry. Seize pièces.

130. — Sujets divers — Vignettes, etc. Quarante-quatre pièces.

131. — Sujets divers — Paysages — Menus, Vignettes, etc. Soixante-trois pièces.

132. — Sujets divers — Paysages. Quatre-vingt-une pièces par divers artistes.

133. — Vues de France, Russie, Amérique, Inde, etc. Vignettes, etc. Environ cinq cents pièces.

DORÉ (d'après Gustave)

134. — Planches pour le Voyage en Espagne, la Bible, le Dante, Roland furieux, etc. Cinquante *tumés*, plusieurs doubles.

DURER (Alb.)

135. — Les Armoiries à la tête de mort. Copie de J. Wiérix. Très belle épreuve.

136. — La Mélancolie, copie de J. Wiérix. — Le Chevalier de la Mort, copie anonyme. Deux pièces. Belles épreuves.

EAUX-FORTES

137. — Sujets divers et Paysages. Quarante pièces par Ribot, Delacroix, Hervier, Seymour-Haden, Daubigny, Rops, Piguet, Buhot, etc. Belles épreuves.

138. — Sujets divers — Portraits — Paysages. Cent soixante pièces par divers artistes.

ÉCOLES FRANÇAISE et ANGLAISE

139. — L'Amant caché? d'après Boilly — Haydn (J.), par T. Hardy, 1792 — Eon de Beaumont (Ch^r^. d'). Trois pièces.

140. — Sujets divers. Quinze pièces, d'après Boilly, Boucher et autres, plusieurs imprimées en couleurs.

141. — Sujets divers. Vingt-sept pièces, plusieurs imp. en couleurs ou coloriées.

FORAIN (J.-L.)

142. — Scènes de Mœurs. Sept fumés, deux doubles.

GAVARNI

143. — Victoria (La Reine) — Decamps — Jérôme Bonaparte — Masques et Visages, etc. Vingt pièces. Belles épreuves.

GAZETTE DES BEAUX-ARTS

144. — Gazette des Beaux-Arts, 195 livraisons de diverses années, *édition de luxe*, contenant

des planches par F. Gaillard, Jacquemart, H. Guérard, Bracquemond, Rodin, Besnard, Helleu, Bonnat, Gérôme, etc. Deux livraisons sont incomplètes, et les planches manquent à 2 ou 3 livraisons.

GRAVIER (A.)

145. — En Hollande, d'après Boughton. Grand in-fol. Très belle épreuve d'artiste, *signée*.

146. — Les Sapins. Grand in-fol. Très belle épreuve d'artiste, *signée*.

147. — Midi — Eau tranquille. Deux pièces, d'après Halfnight. Très belles épreuves d'artiste, *signées*.

148. — Le Soir — Les Ajoncs. Deux pièces in-fol. Très belles épreuves d'artiste, *signées*.

149. — Compagnons d'âge — L'Hiver. Deux pièces, in-fol. Très belles épreuves d'artistes, *signées*.

150. — Route de la Ferme — L'Aurore. Deux pièces, d'après King. Très belles épreuves d'artiste, *signées*.

151. — La Promenade, d'après P. Mallet — Retour à la ferme. Deux pièces in-fol. Très belles épreuves d'artiste, *signées*.

152. — La Tamise, d'après V. Cole. Très belle épreuve d'artiste, *signée*.

153. — En Yorkshire — Le Veau égaré. Deux pièces. Très belles épreuves d'artistes, *signées*.

154. — La Fiancée du Marin, d'après King. Très belle épreuve d'artiste, *signée*.

155. — La Fin du jour, d'après W. Cook. Très belle épreuve d'artiste, *signée*.

156. — Un regard en passant — Matin — La Marne à Champigny. Trois pièces. Très belles épreuves *d'artiste*, *signées*.

ISABEY (J. B.)

157. — La Dame voilée, 1818 — Le Sermon — Vues d'Italie — Fac-simile de la Revue du 1er Consul. Sept pièces. Belles épreuves.

LEFORT (Henri)

158. — Tolstoï (Léon). Lithographie. Deux très belles épreuves, *signées*.

LE PRINCE (d'après J. B.)

159. — L'Amour de la gloire — Le Corps de garde. Deux pièces par Le Veau et Née, faisant pendants. Epreuve *avant la dédicace*.

LITHOGRAPHIES

160. — Sujets divers. Onze pièces par Charlet, Devéria, Diaz, Grévedon.

161. — Sujets divers. Quinze pièces par L. Boilly, Laemlein, Andrieux, Hayter, Decamps, etc. Belles épreuves.

162. — Sujets divers. Trente-huit pièces par Willette, Léandre, Blanche, Géricault, etc. Belles épreuves.

NANTEUIL (R.)

163. — Guébriant (J. B. Budes, Cte de), (R. D. 104). Belle épreuve.

164. — Strœhlin (Mlle), de Genève. Très belles épreuves, avec *dédicace* et *bon à tirer*. Deux pièces.

165. — Meunier (Mlle Irma). Très belle épreuve avec *dédicace*.

PIGUET (R.)

166. — Ballerines faisant une partie de cartes. Très belle épreuve sur japon, *signée*.

167. — La Lecture du roman, d'après Carrier-Belleuse. Très belle épreuve d'artiste, *signée*.

168. — La Femme au vase de fleurs — Jeune Fille lisant. Deux pièces. Très belles épreuves, *signées*.

169. — Epinay (Mme d'), d'après Liotard. Très belle épreuve d'artiste, *signée*.

170. — La même estampe. Superbe épreuve d'artiste, *imprimée en couleurs*.

171. — Suissesse. Très belle épreuve d'artiste, *signée*.

172. — La Femme au boa — La Liseuse — Rêverie — La Femme au vase de fleurs. Quatre pièces formant série. Très belles épreuves.

173. — Bouvenne (A.) — Pinelais (de la) — Stucklé (Enrica de), lithographie — Mme X, 1884 — Paysages. Neuf pièces. Belles épreuves, plusieurs avec *dédicace*.

174. — Portraits — Paysages — Menus et cartes d'invitation. Vingt-cinq petites pièces, plusieurs avec *dédicace*.

PORTRAITS

175. — Charles X, par N. Bertrand, d'après Buguet. Grand in-fol. *imp. en couleurs*.

176. — Louis XVI, coiffé du bonnet phrygien — Marie-Antoinette — Louis Charles de France, revêtu d'une armure et tenant une lance et une épée, rare. Trois pièces. Belles épreuves, la dernière *imp. en couleurs*.

177. — Champfleury — Balzac — Asselineau, etc. Quarante-cinq pièces par divers artistes.

RAFFET (A.)

178. — La Revue nocturne (H. G. 429). Belle épreuve.

REMBRANDT VAN RYN

179. — La Mort de la Vierge (B. 99).

RIDINGER (J. E.)

180. — Animaux — Scènes de chasses. Vingt-deux pièces. Belles épreuves.

TISSOT (J.)

181. — La Tamise (H. B. 14). Très belle épreuve.

DESSINS

BRACQUEMOND (F.)

182. — En-tête de page — Lettre ornée. Deux dessins à la plume pour *Notes et Souvenirs sur Ch. Meryon*, d'Aglaüs Bouvenne.

183. — Surprise. A l'encre de chine avec rehauts de gouache. A été gravé par Bracquemond lui-même.

CALS (A. F.)

184. — Tête de Femme. A la mine de plomb avec rehauts de blanc.

CHARLET

185. — Type oriental. A la mine de plomb. Signé.

DIVERS

186. — Sous ce n°, il sera vendu par petits lots, environ 100 dessins par J. Laurens, Achille Giroux et autres.

LAFAGE, LAUTERS, HERVIER, SERVIN

187. — Paysages — Intérieur d'église. Quatre aquarelles ou pastels.

LESSORE (Jules)

188. — Fête de campagne, près de Dieppe. Aquarelle. *Signée.*

189. — A Soutwick, près Brighton. Aquarelle. *Signée.*

190. — Sous ce numéro, il sera vendu des estampes et dessins non catalogués.

IMPRIMERIE
FRAZIER-SOYE
153, Rue Montmartre
PARIS

www.ingramcontent.com/pod-product-compliance
Ingram Content Group UK Ltd.
Pitfield, Milton Keynes, MK11 3LW, UK
UKHW020537180726
13839UKWH00006B/2566

9 782329 535562